NOTE

SUR LA

CONSERVATION DE LA VIANDE

PRÉSENTÉE LE 6 DÉCEMBRE 1870

A L'ACADÉMIE DES SCIENCES

A MESSIEURS LES MEMBRES

DE

L'ACADÉMIE DES SCIENCES

MESSIEURS,

Une question presque aussi importante que celle de la défense se présente actuellement : je veux parler de l'approvisionnement du pays en viande.

Deux circonstances se sont malheureusement réunies cette année pour rendre de première urgence cette préoccupation :

L'une est le manque de récoltes, de fourrages, qui dès le printemps forçait les éleveurs à sacrifier leurs bestiaux ;

L'autre est la guerre, qui est venue ajouter sa désastreuse influence à une situation déjà engagée.

En cette occurrence, un moyen nous reste, c'est

de jeter les yeux sur les contrées plus favorisées et d'en faire venir l'élément qui nous manque.

Mais pour réaliser cette intention il nous faut des moyens certains, pratiques, de conservation. Ces moyens, je crois pouvoir les indiquer, et c'est des résultats que j'ai obtenus [à ce sujet que je viens entretenir l'Académie.

Avant toutes choses, qu'il me soit permis d'énoncer un principe que je considère comme absolument rigoureux en fait de conservation de viande.

Ce principe est d'opérer en la préservant de toute addition de substances étrangères.

Je ne veux faire ici la critique d'aucun système, je dirai seulement que les nombreux malaises, ou plutôt, pour dire plus vrai, les indispositions qu'a amenées ces jours derniers l'ingestion des viandes préparées depuis le siége, viendraient corroborer cette assertion, si la répulsion naturelle qu'oppose la confiance publique à tout ce qui est préparé n'était un suffisant motif.

Partant de ce principe, c'est donc de viande conservée, absolument pure de tout antiseptique, qu'il va s'agir ici.

La description succincte que je vais faire de mes moyens confirmera du reste cet énoncé.

Ces moyens se résument en deux sortes de traitements qui correspondent chacun à des besoins spéciaux :

Le premier a pour objet l'emploi unique du froid ; il doit être appliqué à la viande destinée à la consommation des grands centres ;

Le second est basé sur la dessiccation rationnelle de la viande dans le vide ;

Les produits qu'il peut fournir doivent plus particulièrement être affectés au service des armées, de la marine, à la consommation des populations de l'intérieur.

CONSERVATION PAR LE FROID.

Tout le monde connaît l'influence du froid sur la conservation des substances animales, et le trafic important que produit en Russie le commerce de viandes et de poissons gelés.

Toutefois ce n'est pas là le moyen même que nous aurions à employer. La viande gelée doit, sous peine de rapide décomposition, être employée encore solidifiée. Sa conservation et sa vente au détail, sous cet état, présenteraient chez nous trop de difficultés.

Ce qu'il faut, c'est maintenir à 0°, au plus à — 1°, la température du local dans lequel est emmagasinée la viande.

Dans ces conditions elle se conserve presque indéfiniment et peut, lorsqu'on la sort de cette froide atmosphère, rester vingt-quatre à trente-six heures exposée à la température ambiante, ce qui est plus qu'il ne faut pour en permettre la vente et la consommation.

A l'appui de cet énoncé, je vais citer le résultat d'expériences par moi faites, me déclarant non-seulement prêt à en prouver l'exactitude, mais encore à recommencer sous les yeux de l'Académie, si elle le veut bien, les expériences énoncées.

J'ai conservé pendant six semaines, temps plus que suffisant pour faire venir de la Plata : de la viande fraîche, du bœuf, du mouton, du gibier (poil et plumes), du poisson. Le tout au bout de ce temps a été mangé dans un dîner auquel assistaient MM. Richard (du Cantal), de Lavalette, de Valserres, Vianne, Maurial, etc., etc. Le bœuf avait servi à faire le potage et un rôti, le gibier un civet, le mouton un rôti; le tout, sauf le poisson, a été trouvé de bonne qualité.

Le poisson, qui était un bar, mérite une obser-

vation que voici : sa chair n'était nullement atta-
quée, mais à force d'avoir été touché, montré, sorti
de la chambre à froid, il avait pris ce que les res-
taurateurs appellent un goût d'évent. Il est facile
de comprendre que cet inconvénient disparaîtrait
avec une exploitation régulière, et qu'avec ce
moyen, les côtes de Norwége nous livreraient pour
presque rien l'excellent poisson qui y abonde,
entre autres le saumon, qui n'a là-bas qu'une valeur insignifiante et constitue un manger aussi
agréable que nourrissant [1].

[1]. Le dîner dans lequel furent consommés les aliments dont
je viens de parler était une réunion mensuelle d'écrivains agri-
coles et de cultivateurs. Elle était désignée sous le nom de *Dîner
des cultivateurs.*

Une commission fut nommée par la réunion pour vérifier
les appareils, le mode de conservation. Cette commission, pré-
sidée par M. Richard (du Cantal), se transporta à l'établisse-
ment de MM. Sautter et Cie, où était en fonction un appareil
destiné à tenter une expérience vers l'Amérique.

Cette expérience fut effectivement faite à bord d'un vapeur
anglais. Un accident, survenu à la machine par un défaut de
surveillance, la limita à une durée de vingt et un jours de
mer, pendant lesquels un fort gros temps fut supporté; le navire alla même à la côte.

Quoi qu'il en fût, la preuve matérielle du mérite de ce genre
de conservation fut encore une fois donnée.

L'expérience ne fut pas en effet limitée par la détérioration

L'expérience ne s'arrêta pas là : un gigot, des perdrix (non vidées), furent conservés sept semaines. Le gigot fut mangé rôti chez M. Gelot, dans un dîner auquel assistait M. de Valserres. Son goût était naturel; en le découpant le jus sortait sous le couteau, peut-être seulement était-il un peu ferme. Quant aux perdrix, elles étaient excellentes et n'avaient pas atteint la période dite faisandée.

Enfin une autre pièce de viande, un gigot, fut poussé jusqu'à neuf semaines, il fut mangé chez M. de Lavalette et fut trouvé bon.

Je demande pardon à l'Académie si j'insiste sur ces détails qui peuvent paraître puérils, mais à une dernière séance elle a bien voulu accorder son

des substances, mais par la rupture d'une pièce de la machine, accident qui peut être aisément prévenu dans une construction régulière.

De plus, il résulta de cette tentative un fait qui ne s'était pas encore produit : le transport de viande fraîche d'Europe jusqu'au delà de l'équateur, c'est-à-dire au delà de latitudes où, *en six heures seulement, la viande se corrompt.*

Ce résultat, dû à une première tentative toujours environnée d'imprévu, montre l'immense intérêt qui se rattache à ce moyen d'action, et prouve qu'il est destiné à donner :

A l'Europe l'abondance qui lui manque,

Aux plaines du nouveau monde, la valeur qu'on est en droit d'attendre de leur richesse et de leur fécondité.

attention à la lecture d'un mémoire concernant l'alimentation des anciens Égyptiens ; j'ai pensé que l'alimentation des Parisiens lui inspirerait le même intérêt. J'aborde, du reste, le côté technique de la question.

Le froid employé n'est pas produit par l'usage de la glace. La glace, en effet, donne un froid humide, qui, alors même qu'elle ne serait pas en contact direct avec la viande, n'agit pas efficacement. De plus, le refroidissement produit par elle n'est pas suffisamment énergique. Elle ne transmet pas aux corps à conserver une influence frigorifique suffisante.

Ce que j'emploie, c'est un courant d'air froid amené directement un peu au-dessous de 0°, ou des courants liquides à —8° ou —10°, qui, saisissant l'atmosphère, congèlent l'humidité qu'elle renferme, la dessèchent et abaissent rapidement sa température, fournissant ainsi les résultats cherchés.

Dans cette condition, non-seulement l'atmosphère est constamment purifiée des miasmes organiques qu'elle renferme, mais une légère et lente dessiccation se produit, dessiccation qui vient aussi aider à la conservation (environ 10 pour 100 pour six semaines).

Tout le mécanisme de l'opération consiste donc, on le voit, à constituer de simples magasins froids. Ces magasins peuvent être la cale d'un navire, l'intérieur d'un wagon, un local quelconque. *Ce qui importe seulement, c'est que la température y reste fixe entre 0° et — 1°,* c'est-à-dire au point où l'eau en suspension dans l'atmosphère est solidifiée, tandis que celle renfermée dans les tissus reste encore liquide, préservée qu'elle est de la congélation par les substances en solution dans elle.

Je dois ajouter que ce mode n'implique pas la nécessité de ne pouvoir sortir la viande. On peut la transborder, la décharger, lui faire subir toutes les manipulations utiles, les abrégeant toutefois autant que possible. Quant au délai final concernant la vente et la consommation, on peut compter sur au moins trente-six heures entre la sortie de la réserve et la cuisson, temps plus que suffisant pour la vente et l'approvisionnement.

CONSERVATION PAR LA DESSICCATION.

La dessiccation naturelle est encore un moyen connu depuis longtemps pour conserver la viande.

En Amérique, toujours sur les rives de la

Plata, où le bétail est si abondant que la peau et les matières cornées y constituent seules la valeur d'un bœuf, on prépare des quantités de viandes desséchées, qui, sous le nom de *tasajo*, sont vendues à l'intérieur et forment l'alimentation des nègres.

Mais, disons-le de suite, ce mode de traitement est tout à fait barbare. Le produit qu'il donne est profondément modifié, la viande ne peut plus faire de bouillon, à aucun titre elle ne pourrait prendre place dans la consommation européenne, où vainement et à diverses reprises on a cherché à l'implanter.

Deux inconvénients principaux caractérisent ce procédé :

1° Le soleil dessèche bien la viande, mais il n'opère pas en la laissant fraîche. Quoique préalablement salée, elle subit au contraire, sous l'influence solaire, une altération continue qui ne cesse qu'avec une extrême dessiccation. Par le fait même de la préparation, sa qualité est donc notablement diminuée ou, pour mieux dire, *dénaturée*.

2° Exposée à l'air, par conséquent aux insectes qui fourmillent en ces primitifs climats, elle reçoit de la plupart d'entre eux le dépôt de leurs œufs. Quand le printemps arrive, tout cela se réveille et

la substance même qu'il s'agissait de sauvegarder
sert à l'alimentation des germes qui se sont déve-
loppés. Elle tombe en poussière.

J'ai voulu procéder autrement et, pour éviter
ces inconvénients, opérer à de basses températures
et en vases clos.

Pour obtenir ce résultat, je place la viande dans
le vide, en présence d'un absorbant, soit chlorure
de calcium, acide sulfurique, etc. L'appareil est,
bien entendu, disposé pour éviter tout contact de
ces substances avec la viande, et dans ce but, il
est formé de deux capacités distinctes réunies par
un tube à large section. L'une reçoit la viande,
l'autre l'absorbant. Dès lors toutes préoccupations
relatives au contact qui se pourrait exercer dispa-
raissent immédiatement.

La production du vide n'est pas chose indiffé-
rente. D'une part, il faut qu'il soit aisément fait, si
l'on veut que la pratique puisse utiliser ce moyen.
D'une autre, il faut qu'il soit parfait en ce qui con-
cerne l'air, et voici pourquoi :

La chaleur laisse la viande s'altérer, *même dans
le vide*, à 30° ou 40°. Maintes fois j'ai vérifié ce
fait. Il faut donc opérer à basse température, soit
vers 12° à 15°.

Mais à cette température, la tension de la vapeur d'eau est très-faible, et si l'on considère que le suc de la viande qu'il faut concentrer par cette opération est formé, outre l'eau, de sels, d'albumine, etc., etc., toutes matières qui tendent à retarder la formation des vapeurs, on comprend l'importance qu'il y a à soustraire tout l'air qui, lui aussi, atténuerait la vaporisation, par conséquent le desséchement.

Pour satisfaire à toutes ces conditions, voici le moyen simple que j'emploie :

Avec une machine pneumatique, assez robuste pour faire partie du matériel d'un atelier, j'enlève tout l'air que je puis. J'arrive ainsi à une raréfaction correspondante à une tension de 2 à 3 centimètres de mercure.

Ceci fait, je laisse introduire dans l'appareil une certaine quantité d'acide carbonique, préalablement préparé et emmagasiné, sous un gazomètre. Je forme ainsi une nouvelle atmosphère intérieure, laquelle contient environ 3 pour 100 d'air et 97 pour 100 d'acide carbonique ; à son tour je l'enlève avec la machine pneumatique.

Le résidu, toujours correspondant à la tension de 2 à 3 centimètres de mercure, ne contient plus qu'une infime proportion d'air, il est presque complétement formé d'acide carbonique.

Néanmoins je lave encore une fois l'intérieur par un deuxième courant d'acide carbonique, lequel est à son tour enlevé par la machine pneumatique.

Arrivé de nouveau à la limite du pouvoir de cette machine, il est permis de considérer que la faible atmosphère intérieure qui subsiste est presque totalement formée d'acide carbonique.

En cet état la machine est arrêtée ; les rentrées possibles d'air sont occluses par des colonnes de mercure, j'introduis alors une solution de potasse très-concentrée.

Cette potasse absorbe peu à peu l'acide carbonique. Au bout de quelques heures, on voit l'éprouvette indiquer le vide absolu, circonstance qui justifie ce que je disais, du retard apporté dans la vaporisation par les substances en solution dans le jus de la viande.

On laisse les choses en l'état pendant trois jours, au bout de ce temps on démonte l'appareil, la viande retirée peut alors être conservée sans aucune espèce de précaution; elle a alors perdu de 18 à 20 pour 100 de son poids.

Je regrette de n'en avoir pas un morceau à présenter à l'Académie. J'avais en août dernier préparé un échantillon, que je conservai sur une table dans mon bureau; il a disparu ces jours derniers, emporté, je crois, par un chien, que négligemment on avait laissé pénétrer. Les autres morceaux, préparés à différentes époques, ont été envoyés de divers côtés; l'un d'eux a servi de presse-papier à M. Giraldon (52, avenue du Roule, à Neuilly), il n'en a pas moins fait plus tard un pot-au-feu, petit, c'est vrai, mais de tous points satisfaisant; c'est dire que dans ces conditions, la viande perd toute espèce de tendances à la putréfaction, et surtout conserve la propriété de faire de bon bouillon, circonstance extrêmement précieuse pour l'alimentation.

Il est facile de comprendre la faculté conservatrice que prend la viande par une dessiccation ainsi ménagée, en se rendant compte qu'au sortir de l'appareil, loin d'être hygrométrique comme on pourrait le supposer, elle subit au contraire, par l'effet du temps, une très-lente dessiccation. Cette dessiccation peut elle-même être enrayée en enrobant la viande desséchée, soit de gélatine, soit de sa propre graisse, opération excessivement simple et qu'on peut faire dans l'appareil même.

On pourra s'étonner qu'en présence des résultats que je viens d'énoncer, je n'aie pas renouvelé ces expériences.

Des circonstances diverses ont retardé la réalisation de ces applications. Cependant une usine créée en vue de rendre permanentes et pratiques ces données venait enfin de se monter.

Les travaux concernant cette installation spéciale finissaient lorsque le siége a commencé; c'est dire qu'elle est à ce point de vue encore vierge d'expérimentations. Toutefois les appareils sont complétement montés, ils peuvent dès à présent fonctionner, et si l'Académie veut bien déléguer une commission qui surveillera les expériences et lui en rendra compte, je suis dès à présent à sa disposition pour les répéter à son gré.

Paris, 30 novembre 1870.

CH. TELLIER.

99, Route de Versailles, Paris-Auteuil.

Comme complément de la note qui précède,
je dois ajouter une dernière considération qui a
une haute importance, et dont les conséquences
n'échapperont pas aux hommes pratiques.

La Hongrie et la plupart des contrées de
l'Orient possèdent d'immenses pâturages qu'habite
une quantité considérable de bétail, seul moyen de
mettre en valeur ces incultes mais fertiles terri-
toires.

Malheureusement certaines maladies y parais-
sent endémiques, et c'est à l'introduction d'animaux
de cette provenance dans le nord qu'on attribue
les épizooties qui se sont déclarées ces dernières
années et ont fait de si grands ravages.

Si on ajoute à cela la perte que subit l'animal

amené vivant d'aussi loin, on voit que, tout en ayant en Europe des centres de ravitaillement précieux, ils semblent cependant être hors de notre portée, aussi bien par prudence que par difficulté d'arrivages.

Avec les moyens que je viens de décrire et surtout avec l'emploi du froid, on peut disposer des trains entiers de wagons frigorifiques, tuer par conséquent les animaux sur place, et apporter fraîche leur viande, non-seulement à Paris, mais encore sur tous les points desservis par les lignes ferrées.

Le coût de l'installation de semblables transports n'aurait rien d'anormal ; celui de la conservation pendant le transport peut se chiffrer par une différence de 10 cent. au plus par kilo ; les lignes ferrées aboutissent toutes par la ceinture au marché de la Villette ; bref, comme organisation, toutes facilités semblent être réunies.

Comme conséquence, on obtiendrait ce triple résultat :

1° Suppression des craintes fort légitimes que peut donner à l'agriculture l'introduction des animaux vivants ;

2° Suppression de la perte que subit l'animal

pendant le transport, perte qui pèse aussi bien sur la quantité que sur la qualité;

3° Enfin réduction des frais de transport, le poids 'qu'entraînent les abats, la nourriture, la litière, etc., etc., disparaissant.

N'y a-t-il pas là plus qu'il ne faut .pour démontrer qu'à tous titres, les moyens que je propose doivent être pour le pays une source certaine de ravitaillement?

Cʜ. T.

PARIS. — IMPRIMERIE DE J. CLAYE, RUE SAINT-BENOIT, 7.

9 782012 471191